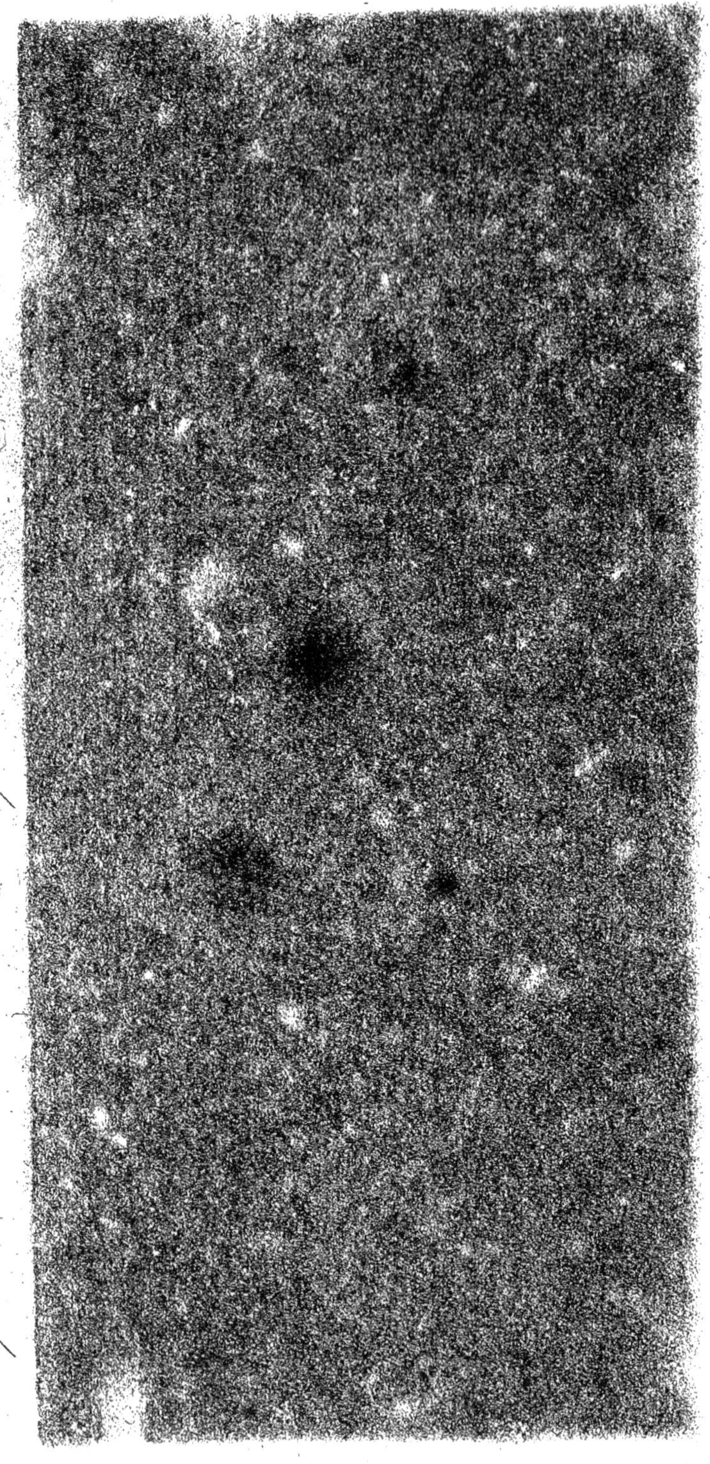

HVMBLES

REMONSTRANCES

ET

SVPPLICATIONS

AV ROY,

Pour faire veoir l'innocence du ſieur Drion, l'vn de ſes Gentils-hommes ſeruants.

M. DC. XXIII,

AV ROY,

SIRE,

Les Phœniciens apres auoir euadé
les risques du naufrage ; encores tous
pantelans & battus de l'orage se iettoient
aux pieds de la Deesse Astarte pour la remercier des mal-heurs qu'ils auoient eui-
tez par son secours. Quand par vostre bõ-
té, ie sortis de la Bastille, & des mains de
mes ennemys; appuyé de mõ innocence,
i'eus dessein aussi-tost de me presenter à
vostre Majesté pour la remercier de la liberté quelle m'auoit renduë. Vostre
esprit alors porté à ses genereuses entreprises, & vostre courage occupé à dom-
pter la presomption de ceux qui faisoient vn Estat dans le vostre, empes-
cherent la resolution que i'auois prise, &
ne iugeay pas qu'il feust à propos durant
la guerre & les tumultes de rechercher
la paix en mes miseres, esperant tousjours que mon innocence qui parloit
d'elle-mesme, & qui estoit reconnuë de

tout le monde, se fortifiroit par le temps, qui sert de lumiere à la verité, lors mesme qu'elle semble estre plus offusquee par la calomnie. Aussi les Romains bien qu'ils eussent en singuliere recommandation de celebrer pour le salut de leur Estat, les sacrifices qu'ils appelloient l'Augure de leur salut, durant les guerres & les troubles, remettoient les Ceremonies en d'autres temps, crainte d'importuner les Dieux. Maintenant que vostre Majesté a reduit les rebelles en son obeïssance, & fait en si peu de tẽps ce que tant d'autres grands Roys n'ont peu faire tant d'années, i'ay creu qu'il estoit saison d'employer vostre clemence pour suruenir aux miseres d'vn seruiteur iniustemẽt opprimé, si ce n'est que preuenuë par ses ennemis, qui sous l'authorité de son nom l'ont fait souffrir; elle en ayt eu agreables les peines, que i'ay en ce point là seulement dignement meritees. Sire, auparauant que d'entrer plus auant en la lecture de mes iustifications, ie fais à Dieu la mesme priere que luy fit Esdras gentil-homme seruant du grand Roy de Perse, lors qu'il le conuia par ses larmes à restablir le Temple de Hierusalem, qu'il anime de mesme le cœur de voſtre Majeſté, en la connoiſſance de mon innocence, & le fauoriſe d'vne patience iuſques à la fin du diſcours. Ie m'aſſeure qu'elle trouuerra que iamais ſeruiteur n'a eu plus d'affection, dit plus de bien, ny eſcrit plus dignement de ſon maiſtre, que i'ay fait, ſondez grand Roy voſtre conſcience, que vos affaires d'importance ne retardent point le cours ordinaire de voſtre Iuſtice, ſi naturelle à tous vos ſujets, qu'elle vous en à fait acquerir en la prattiquant par deſſus tous les Roys de la terre, le nom & titre de tres-Iuſte, ne dédaignez point de regarder & de verifier les miſeres d'vn pauure innocent, humiliez vous iuſques là, s'il vous plaiſt, puiſque vos vertus heroïques & voſtre reputation eſt montee en vn ſi haut degré, qu'elle ne ſe peut plus eſleuer qu'en s'humiliant, imités ce grand Dieu dont vous eſtes icy bas l'image, que ie prens & pour Iuge & pour teſmoin de mes actiõs, lequel bien que l'eſtenduë du Ciel empiree ſon principal ſejour, ſoit fort petite pour le contenir, ſe laiſſe toutesfois captiuer ſouuent par ſa bonté, & ſe loge preſque touſiours dans les cœurs des

humbles, exauçeant leurs supplications
& leurs vœux.

S I R E, ce ne sont point des paroles,
des suppositions, ny des excuses que ie
luy presente, mais des preuues violentes,
des effets & des tesmoignages extraordinaires de l'excez d'amour que i'ay tousjours pris des le iour qu'il fust Sacré à
Rheins, iusques à ce iourd'huy, dans ses
interests, elle verra & touchera au doigt
par les extraits que i'ay tirez de plusieurs
de mes discours, publiez à la face de tout
le monde, & souuent au hazard de ma
vie, vn visage égal, & vn feu perpetuel
qui m'eschaufera iusques au tombeau,
i'espere mesme que l'abondance & la
violence de ses flammes retourneront
par vn rejaillissement naturel en vostre
Majesté, d'où elles sont parties, puisque
l'amour n'est qu'vn flus & reflus.

S I R E, au retour de Rheins, ie fus sol-
licité par les plus grands de la Cour, d'escrire sur l'Estat present, l'honneur qu'ils
me firent de me iuger capable d'vn si
grand dessein anima aucunemēt ma plume; quoy que trop foible pour l'esleuer
si haut, & de trop peu de merite pour
publier vos loüanges, la gloire en est

deuë aux plus excellents esprits. Aussi
n'estoit-il bien-seant qu'au seul Phidias
de representer naïfuement les Images
des Dieux, ny permis aux autres statuai-
res d'employer que le bois de Tia pour
les statuës de Mercure: Me voyant donc
en la crainte d'estre accusé de temerité
si i'entreprenois vn projet si releué, ou
d'ingratitude si ie taisois vos vertus, &
sçachant que ceux qui ressentët les fruits
des liberalitez Royalles, sont obligez de
faire veoir au public quelque tesmoignage de reconnoissance, i'ay pensé entre
ces deux extremitez, que ie serois plus
excusable de pecher par excez que par
defauts, & moins blasmé d'estre estimé
temeraire qu'ingrat, car representer vos
merites ce n'est rië entreprdëre que plusieurs ne fassent ordinairement, & si c'est
faillir que de vous aymer & chanter vos
loüanges, ie faudray, SIRE, auec tout
vostre peuple, qui n'a point de plus commun sujet de ses discours que le recit de
vos vertus, quelqu'vn plus adroit que
moy en parleroit auec plus d'esclat, mais
auec moins d'affection. Vous prendrez
donc, s'il vous plaist, SIRE, en bonne part,
ce discours, qui est vn abregé de plusieurs

autres, qui n'ont eu d'autre but que l'interest de voftre M. ie ne le vous offre pas pour vne hiftoire accõplie de vos Royalles actions, mais pour des efchantillons fur lefquels vous pouuez faire iugement de mon innocence, & du refte, que ie fuis contraint de taire, comme ceux qui veulent en vn petit tableau comprẽdre tout l'vniuers, fe reftraignent aux principalles parties, ne pouuant en fi peu de place rẽplire vne infinité de villes, quoy qu'affez remarquables, de mefme i'ay tiré de tous mes difcours les extraits qui vont principalement à ma defcharge, & aux loüanges de V. M. efperant que voftre bonté fe portera quelque iour, lors qu'elle aura plus de loifir, à fe faire lire le refte de ce qu'ils contiennẽt, & que fi elle n'en loüe la verité & fidelité, elle en excufera la liberté & l'affection, puifque les flãmes d'amour digerent toutes chofes, ie parle en ce premier difcours en ces termes.

Auffi quand nous voyons noftre Prince en vne fi tendre ieuneffe par forme de paffe-temps, fabriquer des nauires, tirer des plans, fortifier des places, ordonner des batailles, nous croyons & les eftran-

gers

gers mefmes, que fi cet efprit eft bien mef-
nagé, tous les autres Royaumes ne font
faits que pour eftre vn iour le pris de fa
vertu & la conquefte de fes armes.
Nous releuons en le voyant toutes nos
efperances que nous penfions, apres vn fi
funefte coup, eftre du tout enfeuelies dans
le tombeau de noftre grand Roy, mais il
n'eft point mort, nous en voyõs l'Image,
les actions, le vif efprit & ferme entendement en fon fils, il n'a changé que de
nom, & s'eft renouuellé cõme vn Phenix
en fes cendres Royalles; fi bien que l'on
peut dire que l'ame de ce Grand Henry,
fe trouue en fon Louys auec plus d'apparence, de verité, que ne faifoit cet Empereur Romain qui vouloit que l'on creuft
qu'il auoit l'ame d'Alexandre.

En vn autre endroit.

Il ne tient point à lui, encores que
l'on tafche à le reculer des affaires, qu'il
ne die librement ce qu'il penfe du peu de
refpect que l'on porte à la memoire du

B

deffunct Roy, & du peu d'estat que l'on fait de nostre jeune Prince, comme si nous estions moins obligez à l'honorer en l'aage où il est, que s'il estoit en sa majorité, il ne laisse pas d'estre reputé Pere de ses sujets, côme les Romains ne laissoient pas d'appeller leur Empereur Pere de la patrie en quelque aage qu'il fust, & si la dignité du Patriciat anciennement deliuroit le fils de la puissance du Pere, à plus forte raison les Rois qui sont nos Peres, doiuent estre reputez pour Maieurs en leur Minorité, ie tais le nom de celuy qui s'interessoit du peu de respect que l'on rendoit à vostre Majesté, non sans cause.

Quelque temps apres, ie fis responce a vn discours calomnieux qui courut contre l'authorité & la minorité de vostre Majesté, & disois,

Que les Roys n'auoient point vn plus grand theatre de leurs vertus que leurs côsciences, que les loüages & les blasmes que l'on leur donnoit n'augmentoit ne dimi-

nuoit leur gloire, que la medifance de ce
temps là eftoit femblable à celle de tous
les fiecles paffez, que bien que toutes chofes chãgeaffent qu'elles ne chãgeoient que
de nom & de vifage, que c'eftoit la mefme fubftance, que l'on fe plaignoit touf-
jours de ceux qui commandoient, que
Iuppiter encores qu'il fuft tout bon &
tout puiffant n'eftoit pas agreable à tous.
Que les Perfes honnoroient leurs Roys en
quelque aage qu'ils feuffent, qu'apres la
mort du Roy fi la Royne eftoit enceinte
ils fcelloient fon ventre, & prenoient la
loy fur l'attente du fruit, que les feruiteurs
du grand Alexandre pour honnorer la
memoire de leur defunt maiftre, faifoient
le femblable, & le Confeil affemblé,
mettoient fon Sceptre dans fa chaire, lequel ils adoroient deuant que de rien re-
foudre, comme s'il euft efté viuant. Quel-
les fubmiffions donc ne rendront les François aux merites & aux biens-faits du
Roy, & à la bonté de la Royne regente,

qui luy est beaucoup plus familliere pour ses ennemis que pour ses seruiteurs, & aux esperances asseurees que nous conceuons des deportemens admirables de nostre ieune Roy ? Le reste du discours n'est qu'vn panigerig des loüanges de vostre Majesté.

Vostre Majesté se souuiendra d'vn sonnet que luy presenta vn soir apres souper Monsieur de la Curée qu'elle agrea; la substance duquel auoit plus de poids que d'estenduë; elle dist que i'auois compris beaucoup de choses de consequence en peu de parolles : le Sieur de la Curee tesmoignera, ie m'asseure, qu'il m'a trouué tousiours tout zelé pour son seruice, il n'appreuuoit pas comme beaucoup d'autres ce qui se passoit.

Vostre Majesté r'appellera en sa memoire la plainte que luy fit vn iour de moy Monsieur de Souueray, sur ce que ie disois qu'il n'y auoit aucune apparence, durant les chaleurs des iours caniculaires, de la mener à la chasse en plain midy : vn des plus puissants de la Cour la voyant offencee contre moy, luy dist, que c'estoit vn tesmoignage d'vne extreme affection que ie luy portois, & que veritablemēt il faisoit bien chaud, Monsieur Eroüard, premier Medecin de vostre Majesté, dist que i'auois raison, & qu'il y auoit du dāger pour sa sāté. Il faut que ie declare maintenāt comme le tout se passa, d'autāt que c'est vne tres-grande preuue du soing que ledit Sieur Eroüard porte à vostre Majesté, duquel l'affection est semblable à celle du petit Oyseau Heliodrome, lequel ayme si éperdument le Soleil, qu'il le suit par tout, en son Orient, en son midy, en son couchant : aussi tout le monde admire l'assiduité qu'il rend aupres de vostre Majesté, laquelle il n'abandonne iamais, le matin, à midy & à son coucher, vn iour ie le trouué tout seul dans la sale, il me demanda aussi tost où estoit vostre Majesté, ie luy dits qu'elle venoit de passer la Zone Torride, qui estoit le Pont-Neuf, & qu'il estoit allé à la chasse, il se leua en colere de dessus sa chaire, prit son chappeau & le ietta de furie à terre, en s'escriant, ils me le tuëront, Monsieur de Souueray est trop facile, ie fus bien estonné de voir en vn homme si prudent & si froid, vn mouuement si brusque, & reconus aussi que l'a-

mour & la vertu auoient auſſi bien que
toutes choſes leurs antiperiſtaſes : ie me
ſentis par reflection viſuement attaint de
ſon deplaiſir, & fus trouuer Florence
pour l'aduertir des accidens & des ſuites
que pouuoient apporter à voſtre ſanté
ces choſes hors de temps. Florence au
lieu de donner cet aduis à Monſieur de
Souueray comme venant de luy, il luy
diſt, que ie publiois par tout qu'il n'auoit
point de ſoin de la ſanté de voſtre Majeſté, ie fis ma paix quinze iours apres auec
M. de Souueray, lequel approuua les raiſons qui m'auoient meu à tenir ſes langa-
ges. Bien que ce petit trait d'affection
feuſt peu de choſe, neantmoins vn bon
Veneur de peu de trace reconnoiſt beaucoup ; & qui abonde profite touſiours &
ne nuiſt point.

SIRE, au commencemenc de la fortune de Monſieur de Luynes, à fin qu'il
fiſt ſon profit de l'exemple d'autruy,
porté de la liberté que i'auois acquiſe
auec luy, fondee ſur certaines obligations qu'il m'auoit, ie luy enuoiay vn diſcours eſcrit à la main, qu'il me permit
quelque temps apres de faire imprimer ;
dãs lequel ie luy repreſentois par raiſons

fortifiees d'exemples & cõformes à tous les temps, les accidens mal-heureux qui suiuoient tousiours les fortunes precipitees, & qu'il ne deuoit point mettre le pouuoir que voſtre Majeſté luy donnoit iuſques au dernier point, mais imiter les Anges, leſquels combien qu'ils euſſent des aiſles ſur l'eſchelle de Iacob, ne voloient pas pourtant, ains montoient & deſcendoient par ordre d'eſchelon en eſcha lon, & pluſieurs autres raiſons pour le porter à vne moderation, comme il auoit de longue main preuenu V. M. cõtre moy, pluſtoſt par crainte que mauuaiſe opinion qu'il en euſt, il luy parla de ce diſcours par meſpris, & luy perſuada qu'il n'y auoit dedans que des folies; Paris tint vn meſme langage au ſage Antenor; dont mal luy en print, lors qu'il luy donna aduis de rendre aux Grecs la belle Helene, & luy dit, que les Dieux luy auoient leué l'entendement. Ie laiſſe le iugement de ce diſcours à tous ceux qui l'ont leu, & qui l'ont grandement eſtimé, plutoſt; comme ie croy, pour les loüanges & le nom de V. M. qui l'anime & l'arbore, que pour aucune conſideration. Auſſi le Peintre Nicias diſoit, que

le ſujet eſtoit la principalle partie de
l'œuure, & les Philoſophes tiennent,que
la forme receuë en la matiere, en augmē-
te la capacité. I'enuoyay deux de ces pie-
ces-là à vn grand Seigneur d'Angleter-
re, lequel me manda que le Sereniſſime
Roy de la grand Bretagne les auoit leuës
& approuuées, & diſoit toutesfois, que
les loüanges que ie donnois à V. M. e-
ſtoient prodigieuſes. Vn Gentilhomme
de mes amis en preſenta deux eſtant en
Hollande à Meſſieurs les Princes d'Oran-
ge & Prince Henry, ayant eſté imprimé
deux fois à Paris,à Lyon, & à Anuers, il a
ſon paſſe-par tout. Quand V.M. m'aura
fait l'honneur de le veoir, ie me ſoumet-
tray en cela; comme en toutes choſes, en
ſon ferme & ſolide iugement. C'eſt plutoſt vne Prophetie qu'vn diſcours, que
nous voyons accomplie maintenāt, tou-
chant vos ſujets de la religion, i'eſcrits en
ces termes, & parle à Monſieur de Luynes en ceſte façon.

*Conſeruez, Monſieur, inuiolable-
ment l'vnion de la Couronne de France auec celle du Pape, & croyez que les
plus grands ennemis de ſon pouuoir le ſont*

de la

de la Monarchie, de laquelle la plus part
d'eux ne demandent que la ruïne, encore
qu'ils s'efforcent à nous perſuader par
leurs paroles fardées diſſemblables à leurs
effects, qu'ils ſont ſeuls protecteurs de
l'Eſtat & de la perſonne de nos Rois,
l'on ſçait aſſez le contraire, mais il n'eſt
pas maintenāt ſaiſon d'eplucher ces choſes, lors que le Roy ſera plus grand, & ſes
affaires en meilleurs termes, nous nous deuons promettre, qu'il ſera le maiſtre en
ſon Roiaume, & n'endurera iamais d'E-
ſtat en ſon Eſtat, il eſt trop prudent à ſon
dommage, & a veu trop de rebellions en
ſa Minorité pour en ignorer les cauſes.

En vn autre endroit ie luy parle en
ceſte ſorte,

Eſloignez ces Oiſeaux funeſtes aux
Grands, & de mauuais préſage aux petits, de crainte qu'ils ne corrompent &
infectent par leur contagion le bon naturel & les vertus de noſtre Maiſtre, que
le Ciel & la nature ont rendu en vne ſi

grande ieuneſſe accompli & comblé de
perfections, puis qu'il a comme vn autre
Hercule François, par ſon grand courage, étouſe les Monſtres qui le vouloient
étouſer: Côme vn Ceſar, par ſa clemence pardonne à ſes ennemis. Comme vn
Auguſte, par ſa prudence, ſa douceur, &
ſa Iuſtice, donne & entretiens la paix en
ſon Royaume, & ce qui eſt le plus admirable comme Alexandre, par ſa tempe-
rance il a vaincu ſes propres paſſions. La
mere d'Achille épandit ſur le corps de ſon
fils vne liqueur pour l'endurcir & le rendre inuulnerable, elle n'oſa toucher aux
reins, le ſetour de la concupiſcence & de
la volupté, pour nous monſtrer que l'humaine induſtrie ſans le ſecours de Dieu,
ne ſert de rien pour vaincre ceſte paſſion.
L'Achille Gregeois qui vainquoit tout le
monde, à eſté vaincu par l'amour Noſtre Achile François eſt bien plus coura-
geux, puis-qu'il a vaincu le Dieu qui a
vaincu l'autre. Que les Grecs ne van-

tent donc plus la valeur d'Achille, & la
sageſſe d'Vlyſſe, pour auoir plus de puiſſance ſur ceſte paſſion. L'on diſoit que ſa
bouche & ſa langue auoient toutes les
parties de ſon corps & de ſon ame ſi obeïſ-
ſantes à la raiſon, qu'elles commandoient
aux yeux de ne voir, à la langue de ne
parler point, ny au cœur de ne deſirer que
ce qui ſeroit raiſonnable. Y a'til Prince
qui ait iamais eu plus de puiſſance ſur ſon
viſage, qui preſſe & reſerre le mieux ſes
paſſions & ſes deplaiſirs que le noſtre?
toutes les cauſes exterieures & interieu-
res en ſa perſonne ont vne conſonãce auec
la raiſon : quelle prudence d'auoir ſi long
temps caché ſes meſcontentemens, encore
qu'il fuſt extremément touché des miſeres
que ſouffroit ſon peuple en ces derniers
mouuemens? eſt il ſorty vne ſeule parole
qui ayt teſmoigné ſon deſplaiſir? il n'eſt
permis qu'à Dieu & au Roy de s'entretenir d'vn ſilence. Que vous eſtes heu-
reux d'auoir trouué vn Prince ſi parfait

& vne matiere si bien preparée pour vostre gloire, vous n'aurez point de de peine
à cultiuer ceste belle plante puisquelle est
bonne dans la racine, qui prend terre &
fructifie dans les cœurs de ses suiets, qui
font tres certain iugement de la fin de
leurs maux quand ils voyent de si bons
commencemens.

Au retour du voyage que fit V. M. en
Picardie pour establir monsieur de Luynes en son gouuernemēt, & voyant qu'au
lieu de donner le lest au Nauire qui portoit sa fortune, & s'entretenir doucemēt
en l'honneur de sa charge si releuée de
Duc & Pair de Frāce, qu'il aspiroit à celle de Connestable, & que son ambition
croissoit de iour en iour comme ces va-
peurs d'eau lesquelles plus elles montent
en hault & plus grossissent, & chargées
de trop d'humeur se creuent & se des-
chargent ailleurs, la crainte que i'auois
que ce ne fust sur vostre Estat me fit prēdre la resolutiō d'informer V. M. de tout
ce qui se passoit, & de luy representer par
raisons & par exemples les malheurs &
& accidens qui luy en pourroient arri-

uer, ſi vnefois ce fauory qui tenoit en ſes mains toutes les places fortes du Royaume, les grandes charges, & tout l'argent de la Cour, ennuyé de vos faueurs, & pour quelque meſcontentement, ou que V.M. ſur l'ombrage qu'elle pourroit prēdre de veoir en ſon Eſtat vne ſi grande puiſſance, & laſſé de luy bien faire, prendroit le temps de s'en aſſeurer. Ces conſiderations & d'autres, furent la cauſe de ce malheureux, mais treſ-veritable diſcours qui a fait couler comme des ruiſſeaux ſur moy & ma pauure famille, des douleurs à pluſieurs teſtes. Il faut que ie faſſe cōme les Pilotes, leſquels lors qu'ils ſe trouuent au plus fort de la tourmente redoublent leurs prieres & inuocations enuers Dieu, afin qu'il donne à V.M. autant de patience pour lire mes iuſtes reſſentimens, comme il m'en a donné pour les ſouffrir; pouuant dire auec verité, que toutes les cruautez que l'on a exercées autrefois ſur pluſieurs Martirs, n'approchent point de l'ombre de mes peines, & que la plus grande partie d'iceux ont eſté condamnez ſelon le monde par des Infidelles, ſous vne imagination de Iuſtice, croyant bien faire, d'autāt que ces Saints perſonnages, comme ils faiſoient vne nouuelle religion en vn Eſtat, s'eſtoient obligez à la peine de la Loy, qui ſe pratique en tous les Royaumes. Et moy pour auoir eſcrit ce que tout le monde croyoit, & ce que V. M. ſçait maintenant, l'on m'a couuert d'opprobres. L'on dit que les Anges ont merité leur beatitude deuant qu'ils l'ayent receuë : & moy j'ay ſouffert les peines d'enfer auparauant que les auoir meritées. Ie fus donc conduit à la Baſtille ſur le rapport d'vn que ie croyois eſtre de mes amis. Le lendemain M. de Luxembourg prit la peine de me venir voir, ie deuois lors qu'il entra en ma chambre luy faire la demande que Ioſué fit à l'Ange qui s'apparut à luy, & ſçauoir s'il eſtoit de mes amis ou de mes ennemis, comme l'on ne diſcerne pas à la premiere rencontre les bons Démons d'auec les mauuais, il n'y a que la fin qui les diſtingues, & les rendent differents. Ie creus du commencement ſur les aſſeurances qu'il me donnoit, que ſon entrée eſtoit pacifique, deux iours apres j'apprins que ſa viſite n'eſtoit qu'vne Inquiſition, & ſes promeſſes des leures pour me ſurprendre, & qu'il auoit perdu la memoire de la

generofité de noftre combat, ou qu'il ne
s'en eftoit que trop fouuenu.

SIRE, nos actions doiuent eftre con-
formes à la vertu, & font regardées en foy
ou au refpect du public, & quoy que la
confcience fuffife pour nous mefmes, la
bonne renommée eft grandement necef-
faire pour la fatisfaction de noftre pro-
chain. Ce ne m'eft pas affez d'eftre homme de bien, & que ie fache auffi certaine-
ment qu'il y a vn Dieu, que ie n'ay iamais
eu deffein de vous defplaire, il faut encores pour vne plus entiere fatisfaction que
ie refponde en peu de paroles aux calomnies & finiftres opinions que mes ennemis ont imprimées dans l'efprit de V. M.
contre moy, que s'il fe fuft trouué dans ce
pretendu difcours quelque offence, ie ne
l'euffe pas auoüé, & ne ferois pas maintenant en peine de me iuftifier, quelque
legere qu'elle euft efté : car fi j'euffe eu
mille vies elles m'euffent efté oftées, tant
ie leurs eftois à charge, non point pour les
auoir defobligez, mais pource que les co-
gnoiffant, ie ne pouuois m'humilier deuant eux, & ne pouuois approuuer ce
qu'ils faifoient, pouuant dire auec autant
de raifon, & pour vne mefme caufe, ce

que diſoit dans Tacite vn braue courage
perſecuté, *Olim Seiano, nunc Macroni ſem-*
per alicui potentium inuiſus non culpa ſed fla-
gitiorum impatiens. Car qui eſt celuy; s'il
n'eſt tres-materiel, qui puiſſe tirer comme l'on a fait, vne conſequence ou vne
moindre apparence de crime de leze Majeſté pour auoir dit que V. M. preuenuë
de l'affection qu'elle portoit à ſon fauori,
eſtoit ſourde, aueugle, & muette pour
tous ſes autres ſeruiteurs. La ſuite du diſcours monſtre bien mes intentions, quād
ie dis, *Seigneur, eſueillez les ſemences de ver-*
tus Royales qui ſont nees auec luy, mais main-
tenant retenues par la crainte & la desfiance,
qu'il luy imprime en l'eſprit de tous ſes ſerui-
teurs, pour le captiuer ſeul, comme ſi le Soleil
ne luiſoit que pour luy. Eſt-il beſoin d'autre preuue que celle-là, puiſque ceſte o-
raiſon ſuit l'autre, & eſt l'explication de
la precedente? Il faudroit eſtre brutal
pour en faire vn autre iugement : car les
brutes; pource que leurs ames ſont tirées
de la matiere, s'arreſtent touſiours aux
premiers objets qu'elles rencontrent, elles voyent bien l'exiſtéce des choſes, qu'il
pleut, qu'il vente, que le Soleil luiſt, mais
n'en ſçauent pas les cauſes : auſſi non in-
terpretées

terpretes s'attachant à la lettre, iugeant
des mots selon qu'ils sonnent, sans percer
dans leur substance, & dans l'intelligence
de ceux qui les proferent, ne sont-ils pas
plus que brutaux? Ayant donc escrit de
V. M. les mesmes paroles que le Grand
Roy Dauid disoit de soy-mesme, & les
amis de Cesar le premier Empereur & le
plus accomply, disoient de luy, Ie ne puis
estre coulpable, c'est ce qui m'empesche-
ra de m'estendre d'auantage pour respon-
dre à leurs mesdisances grossieres. Il me
suffira pour vne derniere preuue de tout
le discours que i'ay fait, de me seruir encores de l'exemple & du dire de l'Empereur Diocletian, qui n'est autre chose
qu'vn discours racourcy, & vn abregé de
tout ce que j'ay escrit, afin que V. M. soit
mon Iuge, & que tout le monde reco-
gnoisse si ie meritois la moindre peine de
celles que l'on m'a fait endurer.

Ce Grand Empereur tout chargé de
triomphes & victoires, lors que sa bonne
fortune auoit le vent au milieu de l'eau,
aymé de ses sujets, redouté de de ses ennemis & en la force de son aage, renonça
volontairement à l'Empire pour se donner à luy-mesme, estant tout à ses sujets

lors qu'il leur commandoit (action d'autant plus recommandable qu'elle est ra-
re), estât en son particulier auec ses amis,
leur disoit, qu'il estoit tres difficile de cō-
mander, pour ce que ils sont trois ou
quatre qui conuiennent ensemble en vn,
& qui ne tiennent Conseil que pour trō-
per l'Empereur, qui est clos en son cabi-
net, qui ne voit, n'oit, & ne sçait rien que
ce qu'ils veulent qu'il sçache, ils se ser-
uent de son nom, & luy font donner
les charges à qu'il leur plaist, chassent de
la Cour ceux qui y deuroient demeurer,
volent tout, disposent du Tresor public,
& s'ils pouuoient ils mettroient l'Empire & l'Empereur à l'encan, & conclud
que *bonus potens cautus optimus semper ven-
ditur Imperator.* Il falloit bien que ce grand
Prince en parlast par experience, & qu'il
eust esté trompé, Alexandre Seuere, & le
ieune Gordian Empereurs tres-sages, faisoient les mesmes plaintes, & y remedie-
rent à la fin. Ie croy auoir assez satisfait à
V. M. par cet exemple, & ce rapport
grandement considerable à ceux qui cō-
mandent, Elle n'a point besoin maintenant de s'en seruir estant adroite & ayant
vne entiere connoissance de toutes cho-

ſes. Mes ennemis ne ſe ſont pas ſeulement contentez des maux qu'ils m'ont
fait ſouffrir en mes biẽs, en ma vie, ils ont
taſché par leurs impoſtures & malices
noires, de m'oſter l'hõneur, qui m'eſt plus
cher que la vie, & ont fait courir le bruit
qu'à la Baſtille i'eſtois hors de mon ſens,
& que le Sieur de Luxambourg m'auoit
donné la vie lors de noſtre combat : Si
c'eſt folie que de ſupporter auec patience ſes douleurs ; & de ſe monſtrer tres ge-
nereux entre les mains de ſes ennemis,
i'auouë que i'ay eſté interdit. Il n'y a eu
priſonnier, ny Soldat en la Baſtille qui
n'ait admiré ma conſtance, Monſieur de
Luxambourg lors qu'il y entroit eſprou-
uoit ſouuent mon courage, & ſçait bien
que ie n'ay iamais plié ſous l'affliction,
i'ay bien eſté ſecoué, mais non pas abat-
tu, ce n'eſt pas par vanité que ie dis ce-cy,
& ne donne point mes reſolutions à
moy-meſme, mais à la grace Dieu, qui
rendoit mes peines faciles, car à meſure
que les afflictiõs trauailloiẽt mõ ame, les
grandes aſſiſtances que ie receuois du
Ciel auançoient de beaucoup mes tour-
mens, & la recompenſe que i'attendois à
l'aduenir de la bonté de Dieu, rendoient

mes perſecutions en iuſte paralelle, n'eſtant point en doute que le principal effet de ſa miſericorde ſe reconnoiſt ſingulieremēt aux peines temporelles qu'il nous enuoye, pour ſeruir de ſatisfaction à nos pechez paſſez. Ie prens pour teſmoins & non pour iuges, Meſſieurs les Lieutenans Ciuil & Criminel, de ma cōſtance, que l'on ſçache d'eux, bien que ie fuſſe dans le lict malade, ſi en l'interrogatoire qui me fut faite par l'eſpace de cinq heures, ſur ſix ou ſept vingts articles, auec toutes ſortes d'adreſſe, pour me faire tōber dans la Naſſe, l'on reconnut en ma depoſition n'y en mon iugement aucune alteration.

Les bons eſprits ſe raffinent, & s'eſprouuēt, comme l'or, en la fournaiſe, de l'affliction, c'eſt la coupelle & vraye poudre du depart, qui les fait connoiſtre ce qu'ils ſont, que ſi l'ombre ſeule d'vn rayon des yeux de V. M. eſclaire mes miſeres, il n'y aura perſonne de qualité & de merite, de ceux qui me connoiſſent, qui ne teſmoignent le contraire, des bruits que mes ennemis ont ſemés de moy, ou maintenant qu'ils voyent que la paſſion regne encores en voſtre ame, ils ſe re‑

tiennent, crainte de luy defplaire : ie ne
m'en eftonne pas, car les caufes fecondes
ne produifent iamais leurs effets fi la premiere caufe n'agit , nous en voyons la
preuue en la Pifcine, où il y auoit affez
d'hommes pour y ietter les malades ,
mais il falloit premierement que l'Ange
y defcendift pour troubler l'eau , & les
Anges ne prefentent point nos prieres à
Dieu s'ils ne voyent dans le verbe qu'elles
luy feront agreables , ainfi tous mes amis
n'ofent maintenant parler , & quand ils
reconnoiftront que voftre bonté regar-
dera les iniuftices que l'on ma renduës,
ils ne fe tairont pas : & comme le Soleil
lors qu'il approche du centre d'vne re-
gion,y apporte de la chaleur , & quand il
s'en recule du froid, de mefme ils feront
à lors tous pleins de feu , comme ils font
maintenant de glace.

Pour ce qui eft de mon combat, ie
ne veux pas croire que Monfieur de Luxambourg ait feulemēt penfé à dire qu'il
m'ait donné la vie,ayant fait tout ce qu'il
a peu pour me l'ofter,m'eftant trouué fix
fois fur le Pré, il ny à point d'apparence
que l'on m'impute cefte lafcheté : & di-
ray fans vanité ce que Neftor repartit à

Diomede qui luy vouloit perſuader d'a-
uoir veu Hector fuïr deuant luy : quand
Hector auouëroit ce que tu dis, l'on ne
le croiroit pas, que ſi i'eſtois maintenant
auſſi proportionné & égal audit Sieur de
Luxambourg, comme lors de noſtre cõ-
bat, ie luy tiendrois le langage qu'Aiax
tint à la Vlyſſe, lors qu'il luy reprochoit
de l'auoir couuert de ſon bouclier, & pre-
ſerué de la main des Troyens, qu'il ſe re-
miſt en l'eſtat ou il l'auoit trouué, ie le
prirois que nous retournaſſions ſur le
lieu, & nous miſſions comme nous nous
eſtions trouuez, & qu'a lors l'on verroit
qui remporteroit les armes d'Achille,
mais V. M. l'ayant honnoré de la charge
de Duc & Pair, ie croy qu'il eſt trop cou-
rageux, pour tirer des auantages qui ne
luy ſont point deuës, ie dis la verité pour
ma ſatisfaction & pour ma reputation : ſi
celuy qui a l'eſprit des plus polis, & qui
eſt vn des plus ſages mondains de la
Cour, Monſieur de Blainuille à autant
de memoire que de iugement, il ſe ſou-
uiendra d'vne lettre de complimens que
ie luy eſcriuis à Amboiſe, où ſur la fin, ie
diſois que, *Monſieur de Brente me trauerſoie*
auprés de Monſieur de Luynes, qu'il n'y auoit

gueres d'honneur, *& m'auoit des obligations,
& que Cæsar en releuant les Statues de Pompee,
asseuroit les siennes.* Ces paroles escrites, &
que ie croy qui luy furent monstrees au
temps de leur plus grande fortune, ne
tesmoignent point de foiblesse, ny d'estre
sorties d'vn hôme qui ait demãdé la vie:
il ne se peut pas plaindre que ie n'aye
tousiours parlé de luy, pour ce qui est de
nostre cōbat, tres-dignement, pour autre
chose i'ay sujet de m'ē plaindre, puis qu'il
est la seule cause de mes maux, il paroist
biē en tout ce discours icy, que i'ay beaucoup de discretion pour les morts & les
viuãs, taisãt des choses qui me iustifiroiēt
beaucoup : V. M. voit clairement par la
lecture des extraits des preuues que i'em-
ploye en ce discours, mon innocence, &
l'extreme affection que i'ay tesmoigné de
tout temps à son seruice, & reconnoist
les calomnies, les impostures, & medisan-
ces grossieres de mes ennemis, & qu'en
tout ce qui s'est passé contre moy, l'on
n'a iugé que la personne, & non pas la
cause.

S I R E, c'est trop long temps vous entretenir de douleurs en la joye publique
que tout vostre peuple reçoit, de se veoir

commandé par sa prudence, sa bonté, &
sa valeur, Qui seroit celuy qui en tairoit le
merite ? & qui n'admireroit entre ses autres vertus la vigilance & la promptude
qui se rencontrent en ses Royalles actiōs?
Il semble à tout le monde que V. M. a
desia acquis les qualitez des corps glorieux, lesquels en vn clin d'œil sont ou ils
desirent d'estre, & agissent ou ils sont:car
presque en vn mesme instant elle a esté
veuë ces années passées en Normandie,
en Anjou, en Guyenne, en Bearn, à sainct
Iean, à Montauban, & à Montpellier.
C'est vn mouuement sans fin que vos cal-
uacades. Il y auoit anciēnemēt des Dieux
de la Course, Iules Cæsar souuent leur sa-
crifioit, & leur donnoit la meilleure partie de ses expeditions. Voltre Majesté
est le Dieu de la Course des François : car
au premier mouuement elle se trouue
par tout, de presence, & de communica-
tion. Que si vos seruiteurs n'arrestoient
l'ardeur de son courage, & le laissoient en
la liberté de ses volontez, il seroit le premier dans les trēchées la pique à la main.
Ie croy que l'Escriture Saincte pour nous
apprendre combien la promptitude est
necessaire aux grands Capitaines, appel-

loit

loit les Roys Anges, à cause de la promptitude & de la constance qu'ils doiuent
tenir en leurs resolutions: car les Anges
ont vne extréme agilité en leurs opera-
tions, & vne constance inflexible en leurs
volontez, dont ils ne se départent iamais,
leurs actions sont immanentes. Vostre
Majesté a ces deux qualitez par excellence sur tous les autres Roys, estant tres-
aisée & agile de sa personne, & grandement ferme en ses deliberations. Nous en
auons recogneu des preuues singulieres
en plusieurs endroits, & particulieremēt
au siege de Montauban; où il ne luy suffi-
soit pas de vaincre ses ennemis par les armes elle vouloit mesme pour continuer
le siege, forcer l'inclemence du Ciel &
les élemens, pour ne se veoir point frus-
trée du dessein qu'elle auoit de jouyr de
ceste place. Grand Roy, ne vous estonnez
pas de la Rochelle, ny de Montauban, &
si toutes choses ne succedent si tost que
vous le desirez, d'autant que ce Grand
Dieu des Armées qui gouuerne toutes
choses, suspend aucunefois pour des cau-
ses incognuës aux hommes, & remet en
d'autres temps les effects des moindres
vertus, pour faire paroistre en d'autres

faiſons les effects des plus grandes. Il n'a pas encores voulu donner la priſe de ces deux villes à la gloire de vos armes: il les reſerue pour ſeruir de trophées à voſtre clemence : car ils ſe ſoumettront volontairement, &demanderôt pardon de leur deſobeyſſance. Ne retitez plus, Romains, de tous vos Empereurs les vertus ſingulieres qui les honorient, pour en former vn imaginaire, qui fuſt parfait & accomply. Et vous François, ne deſirez plus en vos Roys la pieté de ſainct Louys, la prudence de Louys vnzieſme, la bonté de Louys douzieſme Pere du Peuple, ny la vaillance du Grand Henry, puis que vous trouuerez ces qualitez en Louys treizieſme. Euclide Megarien diſoit qu'il n'y auoit qu'vne ſeule vertu qui auoit pluſieurs noms. En voſtre Majeſté il n'y a qu'vn nom qui côtient toutes les vertus qui luy ſont ſi familieres, qu'en les exerçans toutes, elles ſemblent n'en exercer qu'vne. Et tout ainſi que la couleur blâche pource qu'elle excede les autres couleurs en perfection, eſt la meſure de toutes les autres, & qu'en chaque genre il y en a vn qui ſert de reigle à tous: auſſi voſtre M. ſert d'object aux autres Roys, deſquels sont estimez vertueux selon qu'ils approchent ou imitent vos vertus. Bien-heureux vos subjets, qui ont pour leur ordinaire entretiẽ, & pour l'exercice en paix & en guerre leur Prince pour exemple. Et bien-heureuse vostre Majesté de veoir vos Princes & les plus Grands combattre par émulation entre eux, pour se rendre dignes de la seruir & de luy complaire. Qu'est-ce qu'ils n'ont point fait depuis qu'ils ont eu l'honneur & la liberté de regarder sans enigme & sans ombrage de personne leur Maistre, qui trauaille d'office, jouyst de luy mesme, & qui n'est plus offusqué de nuages? mais que ne feront pas maintenant aux occasions & au siege de la Rechelle ces grandes Planettes, & ces Estoiles fixes, quand elles se verront animées par l'aspect radieux de leur Roy leur Soleil, qui leur sert de loy sur laquelle ils reiglent leurs mouuemens? Ie ferois tort à vostre grandeur, si j'en taisois les merites, & ne publiois au public leurs genereuses actions, & les seruices qu'ils luy ont rendus.

Ie commenceray par Monsieur le Prince, lequel, apres vostre Majesté, a eu depuis trois ans plus de part à tout ce qui

s'eſt fait de glorieux. De parler de ſon eſprit, de ſa prudence, & de ſa valeur, elle
en a veu les preuues, & vos ennemis en
ont ſenty les effects. N'eſt-ce pas par ſon
conſeil qu'elle partit pour aller à Caen,
en Anjou, en Guyenne, & en Bearn, où
en paſſant par tout vous pouuiez dire cõme vn autre Ceſar, que vous eſtiez venu,
& que vous auiez veu & vaincu. Il n'aſſiſta
pas ſeulement de ſon conſeil voſtre Majeſté en l'Iſle de Rhé, mais il ſe trouua aupres d'elle, où il parut auſſi vaillant que
prudent en ſa conduite, & en la reſolu-
tion qu'elle a priſe de ne ſouffrir plus d'E-
ſtat dans ſon Eſtat. Il s'eſt monſtré beaucoup plus intereſſé en la ruïne de ceux de
la Religion que ne s'eſtoient monſtrez
ſes anceſtres affectionnez pour les eſta-
blir. Les Grecs diſoient qu'Hector eſtoit
la main & l'eſpée des Troyens, & qu'E-
née par ſa prudence en eſtoit l'intellect.
Il eſt l'Hector & la main de V. M. par ſa
valeur, & l'Enée par ſon conſeil, puis
qu'il a rendu par tout où il s'eſt trouué
des effects admirables de ces deux grandes qualitez.

Monſieur le Comte de Soiſſons au ſiege
de la Rochelle n'a pas ſeulement imité

les vertus de son pere, mais s'il continuë
il les aduancera; si elles se peuuent auan-
cer, auantage d'vn bon nombre de qualitez naturelles & acquises qui l'accom-
pagnent, & assisté du braue courage de
Monsieur le Mareschal de Vitry, il ne se
faut pas estonner s'il a fait des merueilles, & si les Rochelois apprehendent son
retour.

Monsieur de Guise n'a pas seulement
vaincu sur la mer les Rochelois, mais il a
chassé par sa presence Neptune de son
throsne, & a fait cognoistre à tous qu'il
estoit vn Mars sur la terre & sur la Mer.
qui combattoit sous vne humaine sem-
blance.

Les Romains disoient que Fabius Ma-
ximus estoit leur bouclier, & Marceus
leur espee, mais que l'vn donnoit plu de
peine à Annibal par sa prudence en em-
porisant, que l'autre par son espee & par
sa valeur. Ainsi Monsieur de Neurs par
sa prudence, & l'adresse de laquee il s'est
seruy pour arrester le cours volent de
l'armee du Conte Mansfeld a plus acquis d'honneur qu'il n'eust fa aupres de
V. M. comme vn Marcelus auec son
espee & sa valeur, ce seruie est grande-

ment considerable pour les suittes & les consequences qui en pouuoient arriuer si Mansfeld fust passé en France, c'est vn Prince qui tiendra tousiours bien sa place par tout.

La façon releuée de Monsieur le Duc de Cheureuse, & les preuues extraordinaires qu'il a renduës de sa valeur & de sa sage conduite, en tous les sieges & les rencontres, fait croire aux plus vaillants qu'il y a d'autres mondes qui luy sont reseruez, & que si la fortune fauorisoit sa vertu, que ce monde icy seroit trop petit pour estre commandé d'vn si gand courage.

Messieurs de Vendosme se sont trouue par tout aux premiers rangs, & aux plu grands dangers, comme ces deux braus freres, Castor & Pollux enfans de Iuppier, marchoient à la teste de l'armee des Rmains contre les Latins, l'exemple de ur generosité augmétoit le courage des plus vaillants, asseuroit les foibles, leur oyant faire aussi peu d'estat de leur vie, comme s'ils eussent esté immortels.

Ceux qu disent que les Anges ne peuuent pas ere en vn mesme temps en deux lieux, se trompent, puisque Monsieur le Duc d'Angoulesme qui a le corps moins spirituel se trouuoit en toutes les charges, & en tous les combats, à la teste, à la queuë, aux tranchées, & presque en vn instant en plusieurs lieux : aussi tout le monde croyoit qu'il y auoit plusieurs Ducs d'Angoulesme à l'armee.

Que peut-on dire de Monsieur d'Elbœuf, que ce que Diomede disoit d'Hector, qui a tousiours vn Dieu qui l'accompagne en tous ses combats, puisqu'il en sort tousiours victorieux : & que les Cadets de la Maison de Lorraine, honnorent, imitent & égalent leurs aisnez? le Conte de Harcourt son frere le suit de bien pres, il a tesmoigné assez en ces derniers mouuemens ce qu'il valoit. L'on ne peut blasmer, si ce n'est par enuie, le traité que Monsieur d'Elbœuf fit à Tonneins, d'autant que il à deux grands Capitaines Romains, Luculle & Corbulon, pour seconds, lesquels lors que l'on leur enuoyoit des successeurs aux armees ou ils commandoient, crainte que l'on ne leur desrobast apres tant de perils & de hazards l'honneur de la victoire & du

triomphe, faisoient la paix auec leurs ennemis.

Si les Planettes esmeuës de leur Soleil
ont fait des merueilles, les Estoiles Fixes
par l'aspect de vostre Majesté, & des Planettes ont fait sentir à vos ennemis la
force & le pouuoir de leur influences.
Monsieur le Connestable est vn grand
Capitaine, qui a monté par degrez &
par sa vertu, à la charge de Connestable:
c'est ce viel Athlete, qui anima tellement
le pinceau de Zeuxis en le tirant par le
souuenir de ces Couronnes & de ses victoires, qu'il en fit de son portrait vn
chef-d'œuure en son art, & y escriuit qu'il
seroit plustost enuié qu'imité des autres
peintres : nous pouuons dire aussi de nostre viel Alcide François, que ces victoires, prises de villes, & ces heroïques vertus seront à l'aduenir plustost admirees
qu'égalees.

Qui n'aymera Monsieur le Mareschal
de la Chastre, pour sa bonté & fidelité
qu'il obserue, lors-qu'il promet quelque
chose, & n'admirera son esprit vniuersel,
capable de tout? il n'est point hôme que
par la face, son corps affessé sous le poids
d'vn si grand esprit, ne le peut presque

plus

plus porter, ne vous affligez point grand courage, vous n'en serez pas moins employé, pour ce que c'est la teste qui commande, & non pas les pieds: vostre accident est vn tesmoignage tres certain de vos merites, & que Dieu vous ayme, car quand il depart des graces hors du commun à ses seruiteurs: il leur laisse tousjours quelque touche, pour leur faire sentir qu'ils sont hommes. Le Prophete Ezechiel, & Sainct Paul, parmy leurs extazes & rauissemens Spirituels & celestes, il en appelloit vn fils de l'homme, & à l'autre il laissoit l'éguillon de la chair pour luy seruir de contre-poids.

Qu'est-ce que nous pourrons dire du Mareschal de Vitry, que ce que l'õ disoit d'Achille, qu'il n'est semblable qu'à luymesme, & que son espee est celle de Mars, qui fut trouuee par Attilla, laquelle à tousiours au bout de sa pointe des Couronnes & des victoires?

Si Monsieur le Mareschal de Crequy se fust touué en l'armee du grand Roy Agamemnon, l'on ne luy eust point, ie m'asseure, donné comme l'on fit au braue Diomede Vlysse pour compagnon: car il est vn autre Diomede en courage

& vn Vlysse en bien dire, c'est vn foudre aux combats, & vn Torrent d'eloquence dans vn Conseil.

Les actions Royalles de Monsieur le Mareschal de Bassompierre, le rendent semblable au Roy Demetrius , car il luy resemble en toutes choses , l'on appelloit Demetrius preneur de villes, il estoit beau par excellence, & fort vaillant : Monsieur de Bassompierre prend les villes par ses armes, le cœur des belles Dames par ses bonnes graces, & tout le monde par sa courtoisie, le visage de Demetrius estoit doucement graue, celuy de Monsieur de Bassompierre n'est fait que pour estre regardé, & pour attirer les yeux des Dames, mais fort terrible aux combats à ses ennemis, lesquels en fuyent la rencontre, crainte de perdre la vie. Demetrius estoit si beau qu'aucun Peintre, ny Statuaire, ne là peu portraire parfaitement qu'il n'y eust tousiours quelque chose à y desirer : aussi il n'y a point d'assez bonnes plumes pour escrire & representer dignement les belles & bonnes parties de Monsieur de Bassompierre: c'est ce qui me fait taire crainte de n'en dire pas assez.

S I R E, il est inutile de vous representer par le menu ce que tant d'autres Sei-
gneurs des plus signalez ont fait en tous
les sieges, il me suffit d'auoir parlé de
ceux qui l'approchent de plus pres, ce
n'est pas que les seruices de ceux dont ie
tais les noms, ne soient grandement con-
siderables. Vous estes le Iuge de tous,
vous auez esté sur les lieux, vous ordon-
nerez la recompense en leur faisant du
bien, V. M. s'en fait à elle-mesme, ce
sont autant de temples qu'elle esleue, &
de trophees qu'elle erige à sa gloire, il ny
a rien qui ayt acquis la qualité de grand
au Roy Alexandre, que d'auoir par ses
liberalitez donné le moyen a ses seruiteurs d'expliquer & faire paroistre leurs
vertus. Seruiteurs qui se sont portez &
precipitez à toutes sortes de perils pour
se rendre dignes de ses biens-faits. Aussi
disoit il que leur valeur l'auoient esleué
iusques au Ciel, & mis au nombre des
Dieux. Grand Henry troisieme, qu'elles
Statuës plus viuantes, parlent mieux de
tes vertus que les merites de Monsieur
d'Espernon, & de Monsieur le Grand tes
creatures? Nostre Grand Roy qui ressent
tous les iours des effets signalez de leurs

feruices, admire ton iugement, & le choix que tu fis de deux perſonnages ſi accomplis, & qui ſeruent en ſa Cour de miroirs & de modelles, ſur leſquels ceux qui veulēt acquerir le renom de tres parfaits courtiſans, ſe mirent, s'ajuſtent & ſe polliſſent. Tu auois raiſon bon Prince lors que les enuieux de leur bonne fortune blaſmoient les biens & les honneurs que tu leur departois, de dire que tu deuiendrois bon meſnager, quand tu aurois marié tes enfans, tu reçois maintenant auec vſure tes biens faits: tu eſtois Pere digne de tels enfans, tu auois auſſi des enfans dignes d'vn tel Pere, qui eterniſeront ta memoire par la gloire de leurs faits.

SIRE, le plus grand bien qui luiſe en l'vniuers c'eſt l'ordre admirable qui s'y veoit: toutes choſes y ſont en leur point, & n'y a ſi petit animal ny ſi petite plante qui ne ſerue à ſon accompliſſement, & ne nous faſſe venir par les créatures à la grādeur du createur. Auſſi Dieu eſt appellé Prince de tout Ordre, & la vertu de l'ordre eſt en l'eſſence de Dieu, de maniere que où eſt la confuſion Dieu n'y eſt pas, & où eſt l'ordre Dieu y eſt. Pour ceſte raiſon Athanaric Roy des Goths eſtant venu à Conſtantinople pour veoir l'Empereur Theodoſe, qui le receut auec toutes ſortes d'honneurs, lors qu'il veit tout ſi bien reiglé dans la ville & dans le Palais de l'Empereur, l'ordre du ſeruice, le reſpect reciproque des officiers, dit chault, Que l'Empereur Theodoſe eſtoit vn Dieu qui commandoit en la terre. Ainſi quand maintenant nous voyons qu'en ce Royaume l'on n'y celebre plus les Saturnales, & que la côfuſion en eſt bannie, que V. M. par ſa prudence, aſſiſtée des conſeils de Meſſieurs le Chancelier, Puiſieux, de la Vieuuille, remet l'ordre en ſon Royaume & en ſa maiſon, en la Iuſtice, & aux Finâces, que meſſieurs les Princes du Sang ſont honorez ſelô leurs qualitez, les autres Princes ſelon leurs merites, les Mareſchaux de France font leurs charges, tout ce qui appartient à la juriſdiction des Parlemens leur eſt renuoyé, que les Grands & les petits ſont recompenſez ſelon leurs ſeruices & leurs merites, enfin que toutes choſes ſont reiglées & ſe font par poids, par temps, & par meſures, Nous deuons auec raiſon & alegreſſe dire comme Athanarig en voyant ceſte belle ſymetrie, que V. M. eſt vn Dieu mortel qui nous commande.

Les Peintres peignoient les Roys en la compagnie d'vn vieil Mercure, pour leur monstrer qu'ils doiuent tousiours estre assistez d'vn sage vieillard, signalé en sçauoir & en merites, Monsieur le Chancelier ce Mercure & ceste forme assistante qui fortifie par ses conseils les siens, & qui ayde les bons mouuemens naturels qui le touchent de si pres, pour bien regir son Peuple, duquel il préfére toûjours les interests aux siens particuliers. V. M. ne se fouruoira iamais, & suiura tousiours de droit fil le chemin de la vertu, accompagné d'vn si bon Mercure. Le Roy Agameminon recognoissant combien les conseils du vieil & sage Nestor luy estoiēt necessaires, il faisoit prieres aux Dieux qu'ils luy donnassent dix Nestors semblablables au sien, ne doutant point que par leur conduitte le Roy Priam & la ville de Troye ne tombassent bien tost en ses mains. V. M. doit donc remercier Dieu de vous auoir donné vn Nestor, qui a luy seul toutes les qualitez que l'on pouuoit desirer aux dix autres, lequel par sa dexterité & son industrie, fera en paix & en guerre réussir ses glorieuses entreprises.

Qui eſt celuy qui ne le tienne pour vn
prodige de prudence & de ſageſſe? Diomede diſoit de Neſtor, que ſa nature viue
en ſon aage n'eſtoit iamais laſſe ny oiſiue.
A-t'on iamais veu vn eſprit ſi facile, ſi ai-
ſé, & qui ſe laſſe le moins que celuy de noſtre vieil Neſtor? n'expedie-t'il pas plus
d'affaires en vn mois au Seau, que ne faiſoient en des années ceux que le malheur
du temps auoit mis en ſa place? I'admire
ſur tout en ſa perſonne l'égalité & la trā-
quillité qui s'eſt touſiours rencontrée en
ſon eſprit, en ſes bonnes & mauuaiſes fortunes : car les vnes ne l'éleuoient point,
& les autres ne l'eſtonnoient pas auſſi.
Comme vn autre Moyſe, il ſemble qu'il
n'a iamais en l'ame aucune paſſiō, & qu'il
ne les cognoiſt point qu'en autruy. Que
V.M. continuë à ſe ſeruir des conſeils du
Pere & du Fils, leſquels n'ont point d'autre but ny d'autre fin que ſon ſeruice.
Qu'elle ne s'arreſte point, & ne prenne
aucüne creance aux diſcours de ceux qui
par enuie les voudroient eſloigner de la
confiance où ils ſont aupres de de ſa bonté. Quand Monſieur de Puiſieux ne luy
auroit rēdu autre ſeruice que l'aduis qu'il
luy donna à Montauban quand il ſ'infor-

ma fidellement ; & au hafard de fa vie, de
l'eftat de fes affaires, & des deffeins de
ceux qui auoient plus de foin de leurs in-
terefts que de fon feruice, il merite d'eftre
bien regardé de V. M. Il a encores toutes
les parties neceffaires & pour feruir &
pour fe faire aymer. Il eft de bon aage,
fçait beaucoup, a l'efprit fort, vne bonne
plume, l'experience, vne grande cognoif-
fance des affaires d'Eftat, la memoire de
feu Monfieur de Villeroy ; l'exemple de
Monfieur le Chancelier, fous lefquels fes
vertus naturelles ont efté cultiuées, & les
acquifes, fortifiées en pratiquant auec
eux toutes ces grandes qualitez qui font
en fa perfonne par éminence, & au plus
haut point, doiuent obliger V. M. outre
les feruices qu'il vous a rendus, à continuer au Pere & au Fils l'honneur de voftre bien-veillance, & pourray dire veri-
tablement, que fi Monfieur de Puifieux
auance toufiours de vertu en vertu comme il fait, que les François diront vn iour,
Que par fa plume & fes confeils il parta-
gera d'honneur des triomphes & des victoires qu'obtiendront fur vos ennemis;
affiftés de voftre fortune, tous les plus
grands Capitaines de voftre Eftat, com-

me

me les Espagnols disoient de Cobos premier Secretaire d'Estat de l'Empereur
Charles le Quint, que sa plume & ses aduis égalloient l'espée & les conquestes du
grand Capitaine. Il ne faut pas taire le
soin que prend Monsieur de la Vieuille,
pour apporter vn bon ordre aux Finances, personne ne doute de sa capacité,
ayant de l'acquis, les bons esprits ne trouuent rien de difficile, car Dieu en les cré-
ant leur influë de certains feux & qualitez naturelles, qui les rendent propres à
tout ce qu'ils veulent entreprendre. Les
aduis qu'il receura de Monsieur de Beau-
marchais Tresorier de vostre Espargne,
qui est fort homme de bien, & qui a vne
parfaite cognoissance de toutes choses, &
singulierement des Finances, fortifieront
les lumieres naturelles qui reluisent en sa
personne, au miserable estat & en la ne-
cessité ou sont les affaires, il aura besoin
que V.M. luy serue de second pour se pa-
rer des indiscretions & des rodomonta-
des de ceux qui le veulent forcer à leur
donner de l'argent quãd il n'y en a point,
il est grandement estimé du louable dessein qui le possede, de reigler suiuant le
Conseil de Monsieur le Connestable, &

Messieurs les Mareschaux de France, les logemens & les violences que les soldats exercent sur voftre pauure peuple, car où ils paffent ils ne laiffent rien, & broutent tout, comme fi les Sauterelles de l'Apocalipfe y auoient paffées. V. M. eft responfable deuant Dieu des exceds qu'ils commettent, fi pouuant remedier à fes defordres elle ne le fait pas. Quelqu'vn me pourra dire me trouuant trop long en ce difcours, que mes afflictions ne font pas telles que ie les publie, puifque les petites douleurs parlent, & que les grandes font muettes, ie leur refpõdray que ce font les grandes douleurs qui parlẽt, & que nous en voyons l'exemple au jeune Crœfus, lequel eftant naturellemẽt muet lors qu'il apperceut fon Pere fur le point de mourir, s'efcria, Pardonnez au Roy, les liens d'amour & de la nature rompirent les liens de fa langue muette. Ainfi i'ay efté fort long temps muet, me confiant aux promeffes de mes amis ; qui m'ont trompez, & fur ceux qui eftoient obligez par honneur, par mes feruices, & pour auoir fouffert pour eux, à me fecourir & parler pour moy, n'eftans point en doute de mon innocence: mais enfin voyant leur

silence, & le peu de part qu'ils prenoient
en mes sentimens, pressé de la violence de mes Maux, de la misere de ma
Famille, de la perte de mon Bien, & de
ma Liberté, j'ay tiré de mon coeur des
sanglots & des souspirs, des paroles & des
plaintes de ma langue, & des larmes de
sang de mes yeux: la creāce que j'ay tousjours euë, & que j'ay, qu'il y a vn Dieu là
hault qui veoit les injustices que l'on cō-
tinuë à me rendre, qui oit les clameurs
des Innocens, & qui ne les abandonne
jamais, mais se venge des torts que l'on
leur fait, alors que l'on y pense le moins,
m'a donné & me donne la force de respi-
rer, & l'esperance que j'ay en la pieté &
justice de V. M. Deïtez qui l'assistent par
tout, qui luy inspireront en ces Saincts
Iours, quelques bons mouuemens, & la
porteront maintenāt; quelle n'est preuenu par mes ennemis, à la conoissance des
seruices & de l'innocence si bien verifiée
d'vn pauure seruiteur injustement opprimé sous l'authorité de son nom. C'est
la priere la plus serrée que j'ay faite à Dieu
depuis trois ans en ça, car me faisant l'hō-
neur de me croire Innocent, cōme tout

le monde me tient, ie receuray de sa bonté & de sa justice, la vie, le bien, & l'honneur, que j'employeray comme j'ay cō-
mencé, pour son seruice, & au lieu que le
Senat Romain ne faisoit que tous les ans
le troisiesme iour de Ianuier, des Sacrifices & des prieres pour le salut de l'Empereur: Moy & ma famille tous les iours de
nostre vie, supplirons le grand Dieu qu'il
continuë les graces qu'il a mise en V M.
& luy augmente ses Couronnes, ses Lau-
riers, & ses Palmes.

on
on
cō.
e le
ans
rifi.
pe
s d
ul
M
lu.